Duisburg

lieben lernen

Der perfekte Reiseführer für einen unvergesslichen Aufenthalt in Duisburg inkl. Insider-Tipps und Packliste

Yvonne Blumenberg

✈ INHALT

Das erwartet Sie in diesem Buch

Reisen Sie gerne und oft? Suchen Sie nach dem nächsten großen Erlebnis in Ihrem Leben? Haben Sie ein Gespür für Natur und Geschichte? Dann haben Sie mit diesem Reiseführer über die Stadt Duisburg eine gute Wahl getroffen. Entdecken Sie eine beeindruckende Handelsstadt, welche Ihnen ein großes Spektrum an Natur, Geschichte und Industrialisierung bietet. Ob Sie sich im Herzen des Ruhrgebiets an den zahlreichen Seen und Flüssen erholen oder doch lieber das Leben der

Binnenhäfen entdecken wollen, die Möglichkeiten sind nahezu unbegrenzt.

Begeben Sie sich auf eine Reise für Jung und Alt, Duisburg bietet für alle etwas. In den folgenden Beiträgen werden Sie vom Duisburger Süden bis Norden unterschiedliche Tipps und Tricks der Stadt kennenlernen. Sie werden Informationen zu den besten Hotels und Restaurants der Gegend sowie zu interessanten Sehenswürdigkeiten erhalten und erfahren, worauf Sie sich noch so alles freuen können. Sie werden alles, was Sie für die Anreise wissen müssen, erfahren und sind so der Stadt bereits einen Schritt voraus.

Noch nicht überzeugt? Erleben Sie die zahlreichen Naturparks der Stadt, welche Ihnen eine einmalige Mischung aus Natur und Industrie bieten. Diese werden Sie an keinem anderen Ort auf dieser Welt finden. Lernen Sie die Schönheit der Stadt und ihrer Geschichte kennen!

Die Anreise und Umgebung

Der wichtigste Teil einer Reise ist eine gepflegte und geordnete Planung. Duisburg, die Binnenhafenstadt am Rhein und an der Ruhr, zieht sich vom westlichen Teil der Metropole bis zum Niederrhein und erstreckt sich in die Rheinschiene über. Mit seiner zentralen Position findet sich die Stadt als Knotenpunkt für Touristen und Businessleute wieder. Durch die Vernetzung der Straßen ist die Stadt schon fast nahezu lächerlich einfach zu erreichen. Ob Sie mit dem Boot, einem Auto oder per Zug reisen, Duisburg empfängt Sie mit offenen Armen. Vorsicht ist geboten bei der Planung der Anreise, da der Berufsverkehr zu früher und später Stunde sehr belebt sein kann. Hier kann es vom großen Vorteil sein, sich mit der einen oder anderen Landstraße als Alternative vertraut zu machen, da diese sich von den Geschwindigkeiten gegenüber den Autobahnen kaum unterscheiden.

Nutzen Sie einen Zug, sollten Sie sich ohnehin auf ungeplante Verzögerungen einstellen, da das Zugnetz der Stadt so ausgeweitet und verbreitet ist, dass es sogar bis nach China reicht. Aus Erfahrung kann ich Ihnen auch sagen, dass Sie lieber auf einen Schnellzug verzichten sollten, da die Ausfallrate bei diesem am höchsten ist. Sind Sie einmal am Hauptbahnhof Duisburg angekommen, sind Sie direkt im Mittelpunkt der Stadt und können hier am besten die nächsten Schritte planen.

Haben Sie doch eine Bootstour auf dem Rhein geplant? Genießen Sie eine entspannte Schifffahrt rheinabwärts nach Duisburg. Sie werden, je nachdem wo Sie starten, zudem auch noch weitere schöne Orte entlang des Rheins entdecken. Hier ist zu beachten, dass der Wasserstand je nach Jahreszeit stark variieren kann. Planen Sie auf jeden Fall eine Reise außerhalb der Frühjahreszeit, da sonst unter Umständen Ihre Reise durch schlechtes Wetter und hohe Niederschläge beeinflusst werden könnte. Die beste Zeit für eine Schifffahrt bleibt immer noch der Frühsommer.

Die Geschichte der Stadt Duisburg

Wie viele andere Städte, die wir heute kennen, ist auch Duisburg von römischer Abstammung. Teile der alten Stadtmauer sind sogar noch heute in Gebieten der Stadtmitte zu finden. Duisburg war früher stark begehrt, was zu zahlreichen Wechseln der Besetzer geführt hat. Nicht nur die Römer, sondern auch die Franken, Wikinger und Ezzonen nutzten die Stadt für ihre Zwecke.

Mit dem Beginn der Industrialisierung gewann

Duisburg mehr und mehr an Wert, da die Stadt zum großen Teil für die Förderung von Kohle und vielen weiteren Bodenschätzen genutzt wurde. Dazu kommen noch dutzende Stahlwerke und Fabriken, welche in dieser Zeit bereits stark fortgeschritten waren und so vom Produktionsfaktor vielen anderen Städten und Ländern stark überlegen waren.

Während des Zweiten Weltkrieges war auch Duisburg ein Ziel für britische Jäger und Bomber. In der Nacht des 6. September 1942 wurde die Tonhalle Duisburg, ein Theater, vollständig zerstört. Nur ein Jahr später äscherten britische Bomber die gesamte Innenstadt mit Bomben ein und machten rund 100.000 Menschen obdachlos.

Heute ist die Stadt ein Symbol für Individualität und Akzeptanz, ein Ort offen für jedermann. Die Menschen, die hier leben, respektieren einander, egal welcher Abstammung oder Hautfarbe Sie sind, Sie sind hier willkommen. Die Stadt bietet Aufklärung über die Geschichte der Deutschen und der Nachkriegszeit, mahnt uns zur gleichen Zeit aber auch, zu vergeben und zu vergessen.

Sehenswürdigkeiten und Attraktionen

Ein absolutes Muss für jeden, der Duisburg besuchen möchte, ist der Landschaftspark. Eine einmalige Kombination aus Industrie und Natur, geformt zu einem Park, der Ihnen unzählige Abenteuer bietet. Ob Sie mit dem Fahrrad etwas radeln wollen, mit der Familie sich an die Kletterwände trauen oder einfach nur auf den großen Wiesen entspannen möchten, der Landschaftspark bietet für alle etwas.

Tiger & Turtle ist ein künstlerisches Erlebnis für

die ganze Familie. Auf der Spitze des „Magic Mountains" erwartet Sie ein bizarres Gerüst, auf welchem Sie die Aussicht der Gegend genießen können. Empfohlen ist es, sich das Spektakel bei Nacht anzusehen, Sie werden es nicht bereuen! Hier noch ein Tipp: Der „Magic Mountain" eignet sich im Winter als idealer Standort zum Schlittenfahren.

Ein sehr beliebtes Ausflugsziel für Gruppen ist der Duisburger Zoo. Highlights sind hier die öffentlichen Fütterungen der Tiere, die ausgefallenen Gebäude und die vielfältige Variation an Tieren. Wer noch mehr sehen möchte, kauft sich zusätzlich noch ein Ticket für die Delfin-Show, ein einmaliges Erlebnis, welches die Beziehung zwischen Mensch und Tier widerspiegelt.

Sind Sie eher ein Fan der Kunst? Dann besuchen Sie das Museum des größten Binnenhafens Europas! Es erwartet Sie eine Vielzahl an unterschiedlichen Schiffen und Korvetten sowie alte Relikte der mittelalterlichen Schifffahrt.

Immer noch nicht überzeugt? Die Schauinsland-Reisen-Arena ist nicht nur das Stadion des heimischen Fußballvereins, dem MSV Duisburg, sondern auch Ort vieler unterschiedlicher Events und

Veranstaltungen. Es lohnt sich also immer, sich vorher zu erkundigen, was auf dem Terminplan steht.

NATUR UND ERHOLUNG IN DUISBURG

Grüne Flächen finden Sie in Duisburg unzählige, doch manche eignen sich mehr zum Entspannen und Relaxen als andere. Ganz nachdem was Sie wollen, bietet die Natur in Duisburg Ihnen eine große Anzahl an Möglichkeiten und Aktivitäten. Manche dieser Flächen werden sogar vom Wasserstand des Rheins beeinflusst, also ist es wichtig, sich hier vorher zu informieren.

Am besten eignet sich die Sechs-Seen-Platte Duisburgs zum Wandern und Fahrrad fahren. Sie durchlaufen schöne Wälder nahe den Seen und mit etwas Glück zeigt sich der ein oder andere Vogel an den vorgefertigten Vogelhäusern. Eine große Brücke bringt Sie von einer Seite direkt auf die andere und an der Spitze können Sie einen unglaublichen Ausblick über alle Seen genießen.

Zwischen den Gebäuden im Stadtteil Meiderich erstreckt sich ein kleiner Stadtpark entlang des

Rhein-Herne-Kanals. Hier werden Sie mehr Sportler als alles andere vorfinden, ab und zu auch mal ganze Gruppen, welche sich durch diesen kleinen Park ihren Weg bahnen. Wer also gerne etwas Sport nebenbei betreiben möchte, schnappt sich ein Paar Laufschuhe und macht sich auf den Weg.

Ein weiterer interessanter Ort ist die Regattabahn in der Nähe des kleinen Vororts Wedau. Regelmäßig finden hier alle Arten von Rennen entlang der zwei Kanäle statt. Es finden sich viele Möglichkeiten zum Wandern und Fahrrad fahren und einen großen Spielplatz direkt am Wasser gibt es auch. Beide Wege der Bahn bieten unter anderem auch kleine Fitnessübungen, ganz nachdem was Ihnen liegt. Nahe der Regattabahn befindet sich eine riesige Wiese, umrandet von einer kleinen Bahn für Läufer und Skater. Dieser Ort eignet sich perfekt für ein Picknick an einem schönen Sommertag und wenn es dann doch mal anders kommt, gibt es genug Unterkünfte in unmittelbarer Nähe.

Viele weitere Wälder finden Sie auf den meisten Land- und Regionskarten.

IMBISS UND RESTAURANTS

Wer viel unterwegs ist, wird früher oder später ohne Zweifel Hunger und Durst bekommen. Für den kleinen Hunger ist Duisburg die ideale Stadt für kulinarische Delikatessen. Fast jede Woche gibt es in der Innenstadt ein Food-Festival, wo Sie Raritäten aus aller Welt auffinden werden. Besonders legt man hier Wert auf die Vielfalt, wer sich also lieber vegan ernähren möchte, ist auch hier gut aufgehoben. Wenn man mal nicht das Glück hat, so ein Festival zu erleben, gibt es immer noch dutzende von kleinen Buden an jeder Straßenecke. Diese sind zwar meistens sehr billig, können aber vom Geschmack nicht mit den großen Restaurants der Stadt mithalten, ist also nur etwas für zwischendurch.

Ein relativ neues Restaurant ist der Grillkult im Duisburger Süden. Hier werden Ihnen hochwertige Burger zu einem angemessenen Preis angeboten. Auch hier gibt es wieder vegane Alternativen und die Kellner werden Sie extra noch einmal darauf ansprechen, ob Sie spezielle Wünsche für Ihren persönlichen Burger haben. Beliebte Nebenspeisen sind unter anderem die selbstgemachten Knoblauchpommes mit hausgemachtem Dip und die großen

Kartoffelecken.

Wer mehr nach einer altmodischen Kneipe sucht, sollte sich im Saalbau mitten in Wedau umschauen. Hier herrscht noch Tradition und alte Jäger-Stimmung. Oft finden sich hier Mitglieder des lokalen Schützenvereins zu dem einen oder anderen Glas Bier wieder. Natürlich gibt es dazu auch die Jägerschnitzel mit Kartoffeln und Soße, ganz nach alter Art. Das Lokal selbst ist nicht sonderlich groß, es besteht also immer die Gefahr, dass alle Tische und Plätze bereits früh vergeben sind.

Wer sich nicht spontan entscheiden kann, begibt sich einfach zum Restaurant „Zum Kaiserhafen" nahe den Binnenhäfen. Man kann zwischen All-you-can-eat und teuren Speisen frisch aus dem Meer wählen. Selbst für den eigenen Hund ist hier Platz. Dieses Restaurant ist mehr für große Gruppen und definitiv für einen etwas größeren Geldbeutel angelegt.

Hotels und Unterkünfte

Für einen erfolgreichen Trip ist die Auswahl des richtigen Hotels von elementarer Wichtigkeit. Hotels gibt es in Duisburg eine ganze Menge, doch nur die wenigsten bieten ihren Gästen auch das, was online versprochen wird. Da die Stadt einen wichtigen Wirtschaftspunkt in Europa bildet, reisen demnach auch viele Geschäftsleute hier her und bleiben oft nur für eine Nacht in einem Billighotel. Welches Hotel Sie letzten Endes auswählen, hängt ganz davon ab, was Sie als „gutes Hotel" betrachten. Hochwertige Hotelketten wie ibis und Mercure besitzen gleich mehrere Unterkünfte in der Innenstadt, mit diesen machen Sie im Normalfall nichts falsch, sollten aber auf die Preise pro Nacht achten, da diese gerne mal höher sind, als sie online angegeben werden.

Eines der bekannteren und exklusiveren Hotels der Umgebung ist der „Eurohof". Ein eher ländliches Hotel mit viel mehr Prunk, als man erwarten würde. Der Preis ist zwar etwas höher, doch hier hat man definitiv eine edle und einmalige Unterkunft für die Reise. Das Hotel verfügt über eine große Fläche an Land, welches exklusiv nur für die Hotelgäste verfügbar ist. Ein weiterer großer Vorteil ist die Lage des Hotels, da man vom Stadtteil Moers aus gut überall hinkommt und die Innenstadt quasi direkt vor der Haustür liegt.

Dann gibt es noch das IntercityHotel Duisburg, welches eine ausgezeichnete Wahl für Reisende ist, die Duisburg näher kennenlernen möchten. Dieses Hotel kann auch mit seiner guten Lage in der Stadt glänzen, denn es ist gerade mal 1 km vom Rathaus und 1,2 km vom Innenhafen entfernt. Der Preis bleibt trotz aller Vorteile eher im mittleren Bereich, ist also eine gute Alternative zu teuren Hotels.

Hier noch ein freundlicher Hinweis: Ja, Airbnb gibt es auch in Duisburg, doch bitte ich Sie, von diesen Angeboten fernzubleiben. Nicht nur, dass Airbnb in der Theorie nicht einmal legal ist, es gab nun aber auch schon unzählige Fälle von Vermietern, die ihre Wohnung in einem absolut schrecklichen Zustand einfach für ein paar Tage an andere vermietet haben. Sparen Sie sich dieses Risiko und buchen Sie bitte ein gelistetes Hotel, ganz gleich, ob es billig oder teuer ist.

Menschen der Region

W er Duisburg besuchen möchte, wird auch mit den Menschen der Stadt in Kontakt treten. Groß auffallen werden die Duisburger zwar nicht, sind aber immer noch stolze Bewohner dieser Stadt. Wie auch an jedem anderen Ort gilt es, sich als Gast zu benehmen, denn wenn es eine Sache gibt, die ich Ihnen versichern kann: Duisburger können im Ton sehr harsch werden. Sie befinden sich in einer Stadt voll mit Menschen, die ihr ganzes Leben lang hart und vor allem effizient gearbeitet haben, also treten Sie bitte keinem mit unangebrachten Sprüchen oder Kommentaren auf die Füße. Je nachdem wo Sie sich gerade befinden, werden Sie starke Differenzen in der Aufteilung der Bewohner bemerken. Im kleinen Wedau befinden sich viele alte Bürger der Stadt, die zugegebenermaßen lieber unter sich bleiben und nicht gerade viel von Besuchern halten.

Die Innenstadt könnte nicht vielfältiger sein, denn hier werden Sie Menschen unterschiedlicher Herkunft finden, die sich durch die großen Straßen der Stadt bahnen.

Wie auch in jeder anderen Stadt gibt es immer diesen einen Stadtteil, dieses eine schwarze Schaf in der Familie, das immer für Probleme sorgen muss. Verstehen Sie mich nicht falsch, Hochfeld ist auch ein schöner Teil der Stadt mit vielen grünen Flächen, einer beeindruckenden Kirche und einer unglaublich guten Pizzeria, doch bitte halten Sie sich bei Nacht von den Nebenstraßen fern.

Im Allgemeinen werden Sie hier keine Stereotypen an Menschen einer bestimmten Region finden, dafür ist Duisburg einfach zu vielfältig. Die Passanten, die Sie auf der Straße sehen werden, verhalten sich wahrscheinlich so „normal", wie man es erwarten würde. Das muss aber nicht heißen, dass die Bewohner der Stadt langweilig und eintönig sind. Sie werden hier immer auf interessante, vielleicht auch teilweise verrückte Persönlichkeiten treffen. Und ganz ehrlich: Die Duisburger interessiert es kein Stück, ob Sie nun hier leben oder nur auf der Durchreise sind.

Freizeit und Spaß

Wer viel Zeit und vor allem Freizeit mitbringt, kann sich in Duisburg durchaus für eine lange Zeit beschäftigen. Ob Sie sich den ganzen Tag einer Aktivität oder über den Verlauf des Tages vielen kleineren Tätigkeiten widmen, Sie werden nicht enttäuscht sein. Für was Sie sich entscheiden, hängt ganz davon ab, worauf Sie gerade Lust haben. Duisburg bietet viele Möglichkeiten und viele davon kosten Sie nicht einmal einen Cent.

Die Rheinaue Walsum ist ein großes Naturschutzgebiet mit artenreicher Tiervielfalt.

Besonders Vögel finden hier eine Heimat. In speziellen Schutzhütten kann man die Tiere beobachten und das Verhalten studieren. Sie können gleichzeitig die Gegend zu Fuß oder mit dem Fahrrad erkunden.

Wenn Sie den Duisburger Hafen nicht nur sehen, sondern auch erleben wollen, buchen Sie einen Termin zur Ruhrorter Personenschifffahrt. Eine Rundfahrt mit einem Schiff ist immer ein Erlebnis. Sie können Ihre Fahrt persönlich auf Ihre Wünsche anpassen, die Mindestlänge beträgt allerdings 3 Stunden. Sie werden von einem kompetenten Team über die ganze Fahrt hinweg betreut, können Fragen an die Mitarbeiter stellen und natürlich gibt es auch Verpflegung inklusive. Die Fahrten sind sehr beliebt und oft über Monate hinweg bereits ausgebucht. Wer also gerne eine Schifffahrt in Duisburg erleben möchte, muss bereits sehr früh einen passenden Termin planen.

Was viele Leute gar nicht wissen: Duisburg ist eine Hochburg für Escape-Rooms. Allein drei verschiedene Anbieter befinden sich nur in der Stadtmitte, die Auswahl liegt also bei Ihnen. Natürlich denkt man erst einmal, dass Escape-Rooms nur für Kinder sind, doch da irren sich die meisten gewaltig.

Die Rätsel und Aufgaben sind bei fast jedem Anbieter anpassbar, also gibt es für jeden etwas zu lösen. Ein weiterer Vorteil ist die Auswahl der Zeiteinteilung und Schwierigkeit, wer also nur mal reinschnuppern möchte, wählt einfach die leichteste Aufgabe mit nur geringem Zeitaufwand aus.

Wer ein Fan von Musik ist, besucht das Stadttheater, hier werden Sie auf unterschiedliche Programme heimischer und fremder Kulturen treffen. Das Angebot reicht von kleinen Vorführungen bis hin zu großen musikalischen Ereignissen. Viele dieser Events sind extra kinderfreundlich gestaltet, so kommen nicht nur die Erwachsenen auf ihre Kosten. Aber nicht nur vor der Leinwand gibt es etwas zu entdecken, buchen Sie eine Führung durch das gesamte Gebäude und lernen Sie die Vorgänge hinter den Kulissen kennen. Viele Details wurden von dem alten Theater, welches im Zweiten Weltkrieg zerstört wurde, übernommen. Es treffen sich also zwei Generationen von Kunst, Musik und Schauspiel in diesem Gebäude wieder.

Ein ganz besonderes Erlebnis ist die Wasserskianlage in der Nähe der Schauinsland-Reisen-Arena. Hier haben Sie alles, was man für einen aufregenden

Trip mit der Familie braucht. Das Gelände zu betreten ist kostenfrei, man kann also auch ohne Geld hier gut auskommen. Wer sich doch dafür entscheidet, etwas auszugeben, hat die Wahl zwischen einer Partie Minigolf, Beachvolleyball und natürlich auch die Gelegenheit, auf der Wasserskianlage zu fahren. Einsteigerkurse werden selbstverständlich auch angeboten, kosten aber auch dementsprechend Geld. Wer lieber auf dem Land bleiben möchte, kann sich auch ein kleines Kart mieten, mit dem man durch das gesamte Gelände strampeln kann. Selten werden auch Feiern hier veranstaltet, kosten dann aber auch Eintrittsgebühren. Dafür gibt es dann aber auch meistens eine Menge bekannter Musiker, die abwechselnd für gute Stimmung sorgen.

Was natürlich nicht fehlen darf, ist ein großes Schwimmbad. Das Rhein-Ruhr-Bad Duisburg-Hamborn bietet unter anderem ein Schwimmerbecken (25 Meter), Kombibecken, Planschbecken mit Aktionsgeräten, Nichtschwimmerbecken, Rutschen, einen Strömungskanal, Schwallduschen, Massageliegen, eine Kletterwand und wer noch etwas mehr Geld zur Verfügung hat, kann den Sauna- und Wellnessbereich betreten.

Ein kleiner Tipp: Wollten Sie schon immer mal zum Movie-Park Bottrop? Dieser befindet sich nicht weit von Duisburg entfernt und ist mit der Autobahn auch gut zu erreichen. Der Freizeitpark bietet Spaß für die ganze Familie und ist auf jeden Fall einen Besuch wert.

CLUBS UND BARS IN DUISBURG

Wie jede große Stadt hat auch Duisburg ein aufregendes Nachtleben zu bieten. Entlang der Hauptstraßen erstrecken sich große und kleine Clubs. Wichtig: Viele von denen sind wirklich nicht gut. Nicht nur, dass die Stimmung oft nicht so gut ist, wie man es erwarten würde, sondern dass die meisten Gebäude auch einfach nicht ordentlich für Feten ausgestattet sind. Das trifft natürlich nicht auf alle Clubs zu, aber leider doch schon auf eine ganze Menge. Sollten Sie also einen Abstecher dorthin machen, stellen Sie sicher, dass Sie einen guten Club ausgewählt haben. Lassen Sie sich also nicht nur von den Preisen beeinflussen und recherchieren Sie im Zweifel noch etwas nach, es kostet Sie ja nichts.

Es ist das Party-Schloss im Ruhrgebiet. Die

charmante Burg mit ihren Türmchen und der Natur-stein-Fassade sucht seinesgleichen. Der galante Stil der Front setzt sich im Inneren fort. Dort durchque-ren Sie schaurige Grotten, erklimmen steinerne Treppen und können auf der Terrasse den Blick schweifen lassen. Schlossherr Drago hat das Interi-eur mit vielen ritterlichen Details, wie Metallskulp-turen und hölzernen Möbeln, versehen. Das klingt nicht gerade nach einem Club, oder? Ist es aber! Und nicht nur irgendein Club, hier haben Sie den belieb-testen Club Duisburgs!

Eine weitere Top-Diskothek ist das „Old Daddy Duisburg". Eines der ältesten seiner Art, lockt das Old Daddy bereits seit 30 Jahren die Gäste wie die Bienen zum Honig. Der Laden ist besonders beliebt bei Studenten, die hier gerne nach einer gelungenen Klausur auch mal das eine oder andere Glas trinken. Es werden aber nicht nur Events in der Nacht ange-boten, es ist auch möglich, bereits frühmorgens vor-beizuschauen, um bei dem gelegentlichen Trödel-markt ein paar Schnäppchen zu ergattern.

Wollen Sie lieber unter sich bleiben? Duisburg bietet Ihnen sogar eine mobile Art der Feier. Mieten Sie einfach einen kleinen Partybus! Dieser fährt langsam durch die unterschiedlichen Stadtteile und versorgt Sie natürlich auch mit Musik und Getränken. Diese Busse sind vergleichsweise groß, also lohnt es sich wirklich nur für die größeren Gruppen, die gerne einmal die Stadt auf eine besondere Weise entdecken wollen.

SPORT UND FITNESS

Wer sportlich aktiv ist, wird in Duisburg von Möglichkeiten regelrecht überrannt. Sie werden in Deutschland kaum eine andere Stadt finden, die Ihnen so viele unterschiedliche Arten von sportlichen Aktivitäten anbietet. Zum Laufen und Fahrrad fahren bieten sich viele Wälder im Ruhrgebiet an. Wer Fußball spielt, kann sich eines der Fußballfelder aussuchen, von denen sich allein schon drei nur im Stadtteil Wedau befinden. Wassersport? Kein Problem! Die Regattabahn, Sechs-Seen-Platte und die Wasserskianlage werden Sie nicht im Stich lassen. Natürlich befinden sich in der Stadt noch unzählige Arten von Vereinen und anderen sportlichen Zusammenkünften, Sie werden hier alles finden, was das Sportlerherz begehrt. Sowohl In- als auch

Outdoor Sport wird in vielen Teilen der Stadt im großen und kleinen Stil angeboten.

Nicht jeder von uns ist ein Sportler, da gibt es keine Zweifel, doch auch nicht alle von uns fühlen sich von dem Gedanken abgeneigt, einer zu werden. Ob man nicht an sich selbst glaubt oder einfach nur keine Lust hat, die Gründe können viele sein. Macht der Körper ab einem bestimmten Alter schon nicht mehr mit? Haben Sie vielleicht eine Verletzung, die Sie daran hindert, das zu tun, was Sie gerne möchten? Haben Sie keine Motivation, allein durchzustarten und brechen bereits nach kurzer Zeit wieder ab? Schwachsinn, jetzt ist Schluss damit! In Duisburg werden Sie nicht nur Ihren Körper stärken, sondern diesen auch reparieren.

In der Stadt befinden sich gleich mehrere Fitnessstudios, wo Sie nicht nur Ihren Körper, sondern auch Ihren Geist trainieren können. Die meisten bieten Ihnen Gratis-Schnupperkurse an, die Ihnen aber trotzdem Zugang zu allen Geräten und Programmen gewähren. Ein Betreuer wird Sie die gesamte Zeit begleiten und Ihnen die Geräte und Übungen erklären. Viele Menschen glauben, Fitnessstudios sind nur etwas für Muskelpakete und Machos, doch das ist natürlich Unsinn. Sie werden beobachten, dass viele der Besucher sich mehr um Fitness und Ausdauer bemühen als um einen mit Muskeln vollgepackten Oberkörper. Selbst ältere Herren und Damen zieht es an die Geräte, um den Körper fit und gesund zu halten. Auch hier kann nach Wunsch ein Mitarbeiter zur Betreuung dazu geholt werden, muss aber vorher abgesprochen werden.

Ein sehr beliebtes Studio ist unter anderem das FitX in Duisburg-Hamborn. Bevor Sie sich hier anmelden, können Sie bereits online ein paar Details zu Ihren Wünschen und Zielen angeben. Der Fragebogen wird ausgewertet und dann lässt sich ein ideales Training für Sie zusammenstellen. Ein großer Vorteil dieses Studios sind die Öffnungszeiten: Sie können rund um die Uhr trainieren und werden nur an Feiertagen eine verschlossene Tür vorfinden. Auch für die richtige Ernährung des Körpers wird gesorgt, denn hier werden Sie nur Energieriegel, Wasser und Protein Shakes und nichts, was Ihrem Training schaden könnte, finden.

Ein Besuch im Fitnessstudio kommt nicht für jeden in Frage und das ist auch kein Problem. Wer mehr damit beschäftigt ist, seinen Körper zu pflegen oder zu erholen, kann das Mona-Lisa-Figur- und Wellnesscenter besuchen. Hier werden Sie kaum Geräte finden, aber dafür viel mehr Übungen durchführen, welche Sie auch von zuhause aus betreiben können. Der Körper wird hier das einzige Werkzeug sein, was Sie brauchen. Neben den Trainingseinheiten gibt es auch Informationskurse, in denen Sie mehr über den menschlichen Körper lernen können. Warum tut uns die eine oder andere Stelle so weh? Warum ist es wichtig, viel zu trinken und sich richtig zu ernähren? Was passiert mit unseren Muskeln nach einem harten Training?

Wenn Sie all diese Sachen interessiert, sind Sie hier gut aufgehoben. Auch hier werden wieder Gratis-Einsteigerkurse angeboten, sind aber oft stark überfüllt. Es lohnt sich, sich bereits frühmorgens mal dort hinzubegeben, denn die meisten Besucher bevorzugen doch eher die Vormittags-Einheiten.

Dann gibt es da noch das fit4life Studio im Stadtteil Wedau. Wer mehr Abwechslung braucht, kann sich hier nicht nur an unterschiedlichen Geräten bedienen, sondern auch in den naheliegenden Hallen Fußball, Badminton und Speedminton spielen. Darüber hinaus gibt es auch eine Kletterhalle für

Anfänger und Experten, die ihren Körper auf eine andere Art und Weise auslasten wollen.

Es bieten sich noch viele andere Möglichkeiten, sich sportlich zu betätigen. Viele Parks der Stadt haben oft Hinweise zu Übungen oder bieten unterschiedliche Geräte zum Trainieren an. Hier ist es wichtig, auf die Hygiene zu achten und immer ein Handtuch zu benutzen.

SHOPPEN IN DUISBURG

Die Königsdisziplin jedes Ausflugs ist das Einkaufen von Souvenirs und Geschenken. Was wäre ein Ausflug ohne den einen oder anderen Abstecher in die großen Einkaufsstraßen der Stadt? In Duisburg gibt es an keinem anderen Ort so viel zu kaufen wie an der Königsstraße der Innenstadt. Zwar ist es im eigentlichen Sinne eine Straße, doch fahren hier fast gar keine Fahrzeuge hoch und runter. Vom Hauptbahnhof Duisburg aus muss man nur geradeaus laufen und schon ist man da. Auf dieser 600 Meter langen Straße reihen sich alle Arten von Geschäften, die man in einer großen Stadt erwarten würde. Die Luxusläden befinden sich mehr in den Seitenstraßen, denn wenn es eine Sache gibt, die ich Ihnen sagen kann: Diese Läden lassen Sie nicht mit Straßenkleidung herein. Das sterbliche Volk zieht es mehr ins Forum Duisburg, einem gewaltigen Einkaufszentrum im Herzen der Stadt. Auf drei Etagen befindet sich hier alles, was man sich wünschen kann: Von Schmuckläden bis hin zu kleinen Essbuden, hier finden Sie alles. Das Gebäude verfügt auch über ein unterirdisches Parkhaus, von welchem man das Gebäude einfach betritt und wieder verlässt.

Gegenüber befindet sich ein weiteres großes Gebäude: Das City-Palais. Die Geschäfte hier sind etwas gehobener als die im Forum, kosten also auch etwas mehr. Das beste Sushi-Restaurant hat hier sein zuhause, nur wenige Meter vom Casino Duisburg entfernt. Die Spielhalle ist für alle, die mindestens 21 Jahre alt sind, zugänglich.

Duisburg ist außerdem eine Heimat vieler Trödelmärkte. Auf dem riesigen Parkplatz der Schauinsland-Reisen-Arena werden Sie alle zwei Wochen hunderte Zelte und Stände antreffen. Dieser Trödelmarkt ist nicht der kleine Garagenverkauf, den Sie vielleicht kennen, nein, hier werden über zwei Tage hinweg tausende von Besuchern ihren Weg hin finden. Zwischen den Verkäufern bietet sich der ein oder andere Imbiss an, um die Besucher mit Klassikern wie Bratwurst oder Krakauer zu versorgen. Für die Kinder gibt es meistens einen oder zwei Softeisstände, wo man sich für kleines Geld eine von drei Sorten aussuchen kann.

Tipp: Wie bei jedem Trödelmarkt kann man natürlich mit dem Verkäufer über den Preis verhandeln. Die Duisburger sind jedoch oft schon mit ihrem Startpreis bei der Schmerzgrenze. Manche werden dann ab und zu etwas lauter, wenn Sie versuchen, unbedingt ein oder zwei Euro zu sparen.

Das Gelände zu betreten kostet zwar nichts, aber Sie werden bei der großen Auswahl mehr ausgeben, als Sie denken. Und nur weil die Ware vom Trödel kommt, muss das noch lange nicht heißen, dass es sich um schlechte und billige Produkte handelt. Klar, Ramsch findet man an jeder Ecke, doch versuchen Sie einfach mal, mit den Leuten zu reden, denn nicht selten steckt hinter den verkauften Gegenständen eine Geschichte.

Die Königsgallerie ist ein weiterer großer Komplex der Königsstraße. Auf zwei Etagen verteilt gibt es hier die etwas teureren Geschäfte. Besonders beliebt sind Uhren, deshalb werden Sie auch gleich merken, dass sich an fast jeder Ecke ein Uhrenladen befindet. Auch die Restaurants sind mehr für den größeren Geldbeutel angelegt, weshalb Sie auch recht schnell einen Tisch kriegen werden. Die Königsgallerie sollte zu Beginn eigentlich im Aufbau ähnlich wie das Forum gestaltet werden, doch die Besucherzahlen waren einfach zu gering, da man der Ansicht war, dass dies einfach nur eine kleinere Kopie des Forums sei. Viele Geschäfte waren zu dieser Zeit auch nicht offen und das Management hat beim Designen des Gebäudes auch ein wenig geschludert. Erst als die ersten Markenläden ihre Türen öffneten, kamen dann auch die ersten Besucher.

Ganz nachdem wann Sie sich dazu entscheiden, nach Duisburg zu reisen, werden Sie auf unterschiedliche und einzigartige Einkaufsmöglichkeiten treffen. Der Duisburger Weihnachtsmarkt startet im späten November und bleibt meist bis kurz vor Neujahr bestehen. Hier gibt es neben den traditionellen Geschenk- und Essläden auch Geschäfte, in denen Sie Ihre Andenken selbst gestalten können. Duisburg ist eine handwerkliche Stadt, hier macht man sich selbst sein Geschenk.

Ein weiterer Ausnahmezustand wird durch die Karnevalszeit verursacht. Da die Stadt von der Fetenhochburg Köln nicht weit entfernt liegt, kann man auch hier einzigartige Souvenirs und eine gute Stimmung genießen. Die Läden werden zu dieser Zeit so stark dekoriert, dass man sie fast nicht wiedererkennt. Noch besser als die Dekoration sind die Angebote: Für Duisburger ist die Karnevalszeit eine wichtige Tradition. Man kann es schon fast mit Weihnachten oder Ostern vergleichen, denn die Leute sind zu dieser Zeit unglaublich großzügig. Ob man sich kennt oder nicht, Leute verschenken und teilen an jeder Ecke, etwas, was man heute nur noch selten sieht. Das Highlight ist der Karnevalszug durch die Innenstadt, wo jährlich mehrere Tonnen an Süßigkeiten und anderen Überraschungen an die Besucher ausgeschüttet werden.

Lernen und Wissen in Duisburg

Zwar ist Duisburg nicht für globale Genies oder dergleichen bekannt, kann aber trotzdem stolz auf ein ausgeweitetes Bildungssystem für alle zurückgreifen. Besonders beeindruckend ist die Integration vieler Schüler und Studenten, die nicht aus Deutschland oder der nahen Umgebung kommen. An der Universität Duisburg-Essen werden Sie Menschen aus aller Welt antreffen. Die Studiengänge werden entweder in Deutsch oder Englisch angeboten, um möglichst vielen bei der

Wissensübermittlung entgegenzukommen. Wer hier Student ist, genießt den einen oder anderen Vorteil: Busfahrten in Richtung der Universität sind kostenfrei, das Essen der Cafeteria ist etwas billiger und man bekommt durch das Vorzeigen des Studentenpasses auch oft Rabatte wie beispielsweise für eine Vorführung im städtischen UCI-Kino.

Für die, die noch etwas jünger sind, wird natürlich auch gesorgt: Duisburg hat über 16 Grundschulen für die Jahrgänge eins bis fünf. Diese unterscheiden sich gegenüber anderen Grundschulen von außen zwar nicht, haben aber oft kleine und nette Angebote für Menschen, die einfach nur neugierig sind. Die Schulen werden oft als Standort für kulturelle und manchmal sogar musikalische Events genutzt. Auch eine Ausstellung wie aus dem Museum ist gern gesehen, das Thema wird oft von den Kindern und der Schulleitung ausgewählt.

Wie bereits zuvor erwähnt, ist Duisburg eine Stadt des Handwerks. Handwerkliche Berufe finden Sie hier an jeder Ecke, die Industrie in diesem Bereich ist hier so ausgeweitet wie keine andere. Einen Handwerker werden Sie in dieser Stadt nur schwer kriegen, denn das Business ist hart und die

Nachfrage hoch. Viele Betriebe suchen verzweifelt nach Verstärkung und bezahlen sogar überdurchschnittlich gut für einen Auszubildenden. Die Voraussetzungen sind teilweise sogar sehr niedrig, ein Gesamt- oder Hauptschulabschluss reicht in vielen Fällen schon aus. Das bedeutet nicht gleich, dass die Arbeiter alle keine Ahnung oder Perspektive haben, sie erhalten lediglich eine Chance, etwas aus sich zu machen. Diese Strategie scheint über die Jahre gut zu funktionieren, denn trotz der wachsenden Digitalisierung bleiben die handwerklichen Berufe im Rennen und lassen sich nicht unterkriegen. Sollten Sie mal Interesse an solch einem Angebot haben, müssen Sie einfach nur in den Stadtteil Hamborn fahren, denn hier gibt es immer eine offene Stelle.

Außergewöhnliche Architektur

Was viele gar nicht wissen: Duisburg verfügt über eine ausgefeilte Technik im Aufbauen von Gebäuden und Kunstwerken. Von kleinen Statuen, die die Innenstadt verzieren, bis hin zu riesigen Projekten wie beispielsweise die goldene Leiter im Forum Duisburg, Kunst kennt keine Grenzen, auch nicht in der Architektur. Viele der alten Gebäude werden über die Jahre renoviert und verbessert. Da, wo auch der beste Architekt nicht mehr helfen kann, wird wenigstens alles etwas verschönert, Graffiti hat also auch seine guten Zwecke. Umweltschutz spielt für Duisburg eine wichtige Rolle, denn viele der weggeworfenen Materialien werden oft zum Wiederaufbau oder zur Reparatur von Gebäuden genutzt. Sogar der Abfalldienst der Stadt erhält spezielle Anweisung beim Aussortieren von wiederverwertbaren Rohstoffen, er hat also eine wichtigere Aufgabe, als man denkt! Diese Menschen legen den Grundstein für neue Unterkünfte der Stadt und sorgen gleichzeitig dafür, dass alles sauber und schön bleibt.

Duisburg hat wie andere große deutsche Städte mit ehemaligen Hafengebieten eine große Chance, auf Konversionsflächen Stadtentwicklung mit innovativer Architektur zu betreiben. So entstanden über die Jahre spektakuläre Neubauten und interessante Umbauten historischer Gebäude in allen Teilen der Stadt, das Innenhafen-Quartier ist zum Beispiel der Motor für neue Architektur in der gesamten Stadt. Bedeutende, international arbeitende Architekten können hier ihre Handschrift hinterlassen. Die Tour zu moderner Architektur in Duisburg beginnt südlich am Infineon Development Center und endet nördlich an der Merkez Moschee in Marxloh.

Eines der moderneren Gebäude ist wohl das Haus der Wirtschaftsförderung Duisburg, gleich in der Nähe einer ebenso modernen Universität. Der Komplex steht zwar schon seit 1993, jedoch kann man das Alter beim Betrachten wohl kaum erraten, denn dafür sieht der Bau einfach zu gut aus. Trotz der beachtlichen Höhe von 30 Metern gibt es gerade mal nur sieben Geschosse, die mit einem gläsernen Fahrstuhl oder den üblichen Treppen zu erreichen sind. Das Gebäude wird größtenteils für Finanzen, Verwaltung und Versorgung der nahen Umgebung genutzt. Besuchen kann man den gläsernen Riesen mit Ankündigung auf der vorhandenen Webseite.

Auf dem Areal des Innenhafens hat Duisburg eine städteplanerische Idee verwirklicht, die vielen Facetten eines lebenswerten Stadtraums eine Chance gibt. Das Bürogebäude Five Boats teilt seinen Platz mit vielen anderen umgebauten, denkmalgeschützten Speichern. Die neue Synagoge und der Garten der Erinnerung sind ebenso Zonen der Wissensvermittlung wie die Wege an den Grachten. Die Tour zu ausgewählten Beispielen neuer Architektur am Duisburger Innenhafen beginnt westlich am Steg Innenhafen und endet südlich am Garten der

Erinnerung.

Duisburg ist auch die Heimatstadt vieler kleiner Künstler, die hier versuchen, einen Namen für sich zu machen. Läuft man die Königsstraße der Stadtmitte entlang, begegnet man vielen unterschiedlichen Akteuren, die mit ihrem Programm meistens auf etwas aufmerksam machen wollen oder einfach nur Freude am Unterhalten haben. Und mit genau dieser Freude entstehen neue Gebäude und Kunstwerke in allen Teilen der Stadt. Selbst in den dazugehörigen Studiengängen findet man immer öfter Module, die sich auf das Kreative und Künstlerische beziehen. Es reicht heutzutage nicht mehr, einfach nur ein Haus aus dem Boden zu stampfen, nein, es muss schon etwas Besonderes sein. Duisburg macht sich die jahrelange Erfahrung im Handwerk zunutze und kombiniert diese mit moderner Innovation.

Die Konstruktion dieser Bauten nimmt oft viel Zeit in Anspruch, was wahrscheinlich der einzige Nachteil der extravaganten Bauweise ist. Die Königsgallerie musste zum Beispiel noch ein paar Monate mehr auf die Eröffnungsfeier warten, da man sich bei kritischen Rechnungen einen Fehler erlaubt hatte. Dieser Fehler war zwar nur Teil einer optischen

Verschönerung des Gebäudes, doch es war der beauftragten Firma dann doch zu peinlich, das Gebäude mit diesem Makel zu präsentieren. Nach Angaben der städtischen Zeitung würde es „den Ansprüchen der Stadt und seiner Bürger" nicht entsprechen. Der Druck lastet also nicht auf den Bauarbeitern, sondern auf den Designern und dem Management. Schöne Gebäude dienen in Duisburg als ein Zeichen von baulichem Geschick, können aber auch den Stolz der Stadt und seiner Geschichte präsentieren.

Tiervielfalt in Duisburg

Ob man sie jetzt mag oder nicht, Tiere finden wir auf dieser Welt überall. Manche größer und andere etwas kleiner, sie alle leben mit uns Menschen zusammen auf dieser Erde. Wenn man an Tiere in Duisburg denkt, fällt einem nicht unbedingt das ein oder andere direkt in den Sinn, doch sei Ihnen versichert: Diese Stadt liebt Tiere! Top Kandidaten sind wie in vielen anderen Städten auch die Katzen und Hunde, knapp gefolgt von der ein oder anderen Vogelart. Duisburg bietet den Kleinen und Großen viel Spielraum und Freiheit, was die Stadt zu einem idealen Ziel für Reisende mit Haustieren macht. Sie haben die Wahl zwischen dem normalen Park oder dem extra für Tierhalter angelegten Freiraum, wo sich die Kleinen austoben können, ohne dass die Gefahr besteht, von Läufern oder Fahrradfahrern gestört zu werden. Wer vielleicht keinen Hund hat, besitzt dafür vielleicht ja sogar ein Pferd, denn in der Umgebung von Duisburg finden man viele Bauernhöfe und Ställe, teilweise mit Vereinen verknüpft. Pferde sind im Ruhrgebiet etwas völlig normales, mit einem spezifischen Pass kann der ein oder andere Reiter sogar auf manchen Nebenstraßen auf seinem Pferd reiten und das Beste: Die Autofahrer sind einem dann sogar untergeordnet. Auch findet man gelegentlich eine Rennbahn, wie man sie von den berühmten Pferderennen kennt, wenn auch in einer etwas kleineren Version und auch noch lange nicht mit riesigen Tribünen ausgestattet. Trotzdem treffen sich hier viele Pferde-Enthusiasten und genießen die Natur, die ihnen hier zur Verfügung steht.

Da, wo es Wasser gibt, gibt es auch Leben. Duisburg nutzt und erhält viele Arten von Fischen und dergleichen. Jeder Kleintierhandel hat sie und jeder mit einem Aquarium will sie haben. Fische gibt es in vielen Formen, ob kurz oder lang, klein oder groß, sie unterhalten uns täglich aufs Neue und zaubern den Menschen ein Lächeln ins Gesicht.

Doch eher ein Fan von den kleinen Flatterfreunden? In Duisburg finden sich unzählige Arten von Vögeln, die man je nach Jahreszeit auf den Bäumen der Wälder finden kann. Vögel stehen hier unter strengem Naturschutz, selbst das Schießen von Fotos mit Blitzlicht kann Ihnen schon eine Menge Ärger einhandeln. Die Arten, die hier leben, sind sehr, sehr selten und wahrscheinlich werden Sie diese bei einem kurzen Trip auch nicht zu Gesicht bekommen. Die meisten sind nachtaktiv und lassen sich nur von den Profis auf einem Foto verewigen.

Besonderheiten in Duisburg

Hat man es über diverse Autobahnen und Landstraßen endlich geschafft, ist Duisburg zum Greifen nah. Im besten Fall verläuft die Anfahrt ohne Stau oder andere Probleme, trotzdem sollte man sich immer auf alles Mögliche einstellen. Der Verkehr kann an manchen besonders kritischen Stellen gerne mal ein bisschen aufstocken, soll heißen: Sie werden nicht mehr vom Fleck kommen. Dieses Problem gilt nicht nur für Duisburg und Umgebung, sondern für ganz Nordrhein-Westfalen.

Der Alltag besteht an manchen Tagen nicht aus Arbeit, sondern eher am verzweifelten Versuch, dem Boss zu erklären, warum man eine ganze Stunde zu spät ist. Eine Stunde wird dabei noch als Glück im Unglück angesehen.

Wer mit dem Auto zur Arbeit muss, wird wohl oder übel die A59 passieren, eine Autobahn, die an einem Tag wie leergefegt scheint und an anderen Tagen einer Hauptstraße in Indien gleicht. Und wer glaubt, einfach etwas früher aufzustehen und losfahren zu können, um dem Chaos zu entkommen, wird sich gewaltig wundern: Bereits ab 5 Uhr morgens kann die Bahn völlig überfüllt sein. Wenn Sie mit dem Auto nach Duisburg kommen, versuchen Sie, die Stadt erst nach dem Berufsverkehr anzufahren, Sie werden es nicht bereuen!

Denn kaum hat die Arbeit in Duisburg begonnen, zeigen sich die Autobahnen von einer ganz anderen Seite: Die Straßen sind frei und Sie können wahrscheinlich drei Spuren auf einmal belegen und es würde trotzdem noch genug Freiraum für andere Fahrer geben. Eine Ausnahme ist das Wochenende, wo eher mittags die Straßen gefüllt sind, bis dann schließlich abends alle wieder nach Hause fahren.

Am Wochenende ist die Autobahn also frei, dafür sind es die Straßen der Innenstadt nicht.

Es sind zwar keine verheerenden Zustände wie zum Beispiel in New York, aber es kann doch schon zu der ein oder anderen Verzögerung im Terminplan kommen, bereiten Sie sich am besten mit dem Radiosender der Stadt auf den Verkehr vor. Eine weitere Möglichkeit ist die Fortbewegung mit dem Fahrrad, da sich in der Stadt viele Stationen zum Ausleihen von normalen Fahrrädern und E-Bikes befinden. Die meisten Straßen verfügen über separat eingeteilte Fahrradwege, auf denen Sie zwischen der Spur und dem Gehweg in Ruhe fahren können. Parkplätze sind in der Regel genug vorhanden, diese sollten bei Ihrem Besuch normalerweise kein Problem darstellen. Beachten Sie einfach, wo und wann Sie etwas unternehmen wollen und bauen Sie demnach entsprechend etwas Pufferzeit ein.

Das Leben der Stadt

Wer zum ersten Mal nach Duisburg kommt, wird sofort bemerken, dass sich hier alle Arten von Menschen tummeln. Ob Sie nun auf dem Gehweg laufen oder nur kurze Blicke aus einem Fahrzeug ergattern, die Bürger sind voller Individualität. Nicht nur die Kleidung, sondern auch die Charaktere und Persönlichkeiten sind unterschiedlichster Natur. Besonders gerne kaufen Duisburger am Wochenende mit Freunden oder Verwandten in der Innenstadt ein, denn hier findet man meistens das, wonach man auch sucht. Wenn es dann langsam spät wird, begibt sich der ein oder andere auch schon mal gerne in die nächstgelegene Kneipe oder Bar. Beim Feiern werden keine halben Sachen gemacht, es kann durchaus auch schon mal die ganze Nacht richtig zur Sache gehen, wer früher geht, ist laut Aussage vieler junger Leute ein Spielverderber. Wem das Feiern nicht steht, kann sich auch einfach einen schönen Abend an einem der vielen Piers der Innenhäfen machen, denn diese bieten vielen eine Alternative zur Diskothek.

Wer ein Frühstarter ist, wird bemerken, dass bereits früh am Morgen große Gruppen von Joggern und Fahrradfahrern sich durch die Straßen bahnen. Duisburger fahren zwar auch gerne Auto, bevorzugen doch aber oft umweltfreundlichere Methoden, die gleichzeitig dem Körper guttun und den eigenen Geldbeutel verschonen. Nicht selten ist auch der ein oder andere Hund mit von der Partie.

Eine weitere beliebte Tätigkeit der Duisburger ist das Pflegen des eigenen Gartens. Jeder der einen besitzt, weiß, wie anstrengend es sein kann, diesen in guter Form zu erhalten. Für Duisburger ist dies sogar noch wichtiger, weil es wahrscheinlich die einzige Art und Weise ist, bei seinen Nachbarn anzugeben. Gerne geben die Besitzer auch mal höhere Summen aus, um in der Nachbarschaft mit einem gepflegten Garten herauszustechen. Meistens sind es die älteren Damen und Herren, die um dieses Prestige kämpfen.

Der Stadtteil Wedau wird nicht umsonst Gartenstadt genannt. Mehrere Gartenanlagen mit hunderten von Eigentümern finden hier ihr zuhause. Das erklärt auch die ungewöhnlich hohe Anzahl an Blumenläden in der Umgebung.

YVONNE BLUMENBERG

Insidertipps und geheime Orte

D uisburg bietet viele Orte und Möglichkeiten, die man auf dem ersten und wahrscheinlich auch nicht mit dem zweiten Blick entdecken würde. Da die Stadt eine eher offene Struktur hat, bieten sich viele Nebenstraßen und Gänge an, die man in anderen Großstädten nicht finden würde. Ob es besonders gute Restaurants, Läden oder Aussichtspunkte sind, verstecken tut sich ein Schatz immer!

Eine Eisdiele in Wedau, die gerade erst 2019 neu

eröffnet wurde, hat innerhalb eines Jahres die Erwartungen der Einwohner übertroffen, wenn nicht sogar gesprengt. Das Geschäft selbst ist nicht mal sonderlich groß und bietet mit vier Tischen ungefähr Platz für 16 Kunden. Das Eis wird mit einer hausgemachten laktosefreien Mischung zubereitet und schmeckt trotz Biokomponenten unglaublich gut. Noch besser als das Eis ist der Milchshake. Diesen erhält man entweder in mittlerer oder großer Ausführung und kann je nach Wunsch des Kunden angepasst werden.

Wenn Sie gerade schon mal in Wedau sind, verpassen Sie auf keinen Fall die Gelegenheit, den Wolfsberg zu erklimmen. Mehr ein Hügel als ein Berg, der Wolfsberg befindet sich mitten im Wald der Sechs-Seen-Platte und wird oft von vielen Touristen übersehen. Sie laufen eine langsam ansteigende Spirale entlang und erreichen an der Spitze einen großen Aussichtsturm. Dieser ist 28 Meter hoch und bietet Ihnen eine tolle Aussicht über das gesamte Gebiet. Mit einem Fernglas kann man sogar einen guten Blick auf die entfernte Innenstadt ergattern. Im Winter kann man hier auch prima Schlitten fahren. Von der Spitze bis nach unten sind Sie gute 30 Sekunden unterwegs, je nachdem wie schnell Sie sind, ist es etwas mehr oder weniger.

Etwas spuken tut es am Geisterbahnhof, welcher sich auch in der Nähe des Ortes Wedau befindet. Die alten Gleise werden schon lange nicht mehr genutzt und doch behaupten Bürger gelegentlich, das Knirschen der alten Schienen noch zu hören. Betreten kann man das Gelände theoretisch schon, ist aber strengstens verboten. Da es noch viele verlassene Geräte und Maschinen in der Umgebung gibt, sind Kletterabenteuer auf den Waggons und Stationen sehr gefährlich. Die Polizei musste bereits in einem Fall Anzeige gegen einen erwachsenen Mann einleiten, der hier mit seinen Kindern die Strecke erkunden wollte.

Sind Sie eher ein Freund der Natur und können die normalen Hotels einfach nicht mehr sehen? In Duisburg finden Sie viele verschiedene Plätze zum Campen. Jeder Stadtteil hat mindestens einen. Unter anderem gibt es einen von diesen Campingplätzen zum Beispiel am Entenfang. Ansonsten ist der Womo-Stellplatz am Kalkweg am Wambach und der Masurenalle relativ beliebt. Hier gibt es zwar weder Strom noch Internet, dafür liegt der Stellplatz aber direkt an der Sechs-Seen-Platte und ist kostenlos. Eine Bushaltestelle befindet sich in unmittelbarer Nähe. Einen weiteren Stellplatz gibt es am Landschaftspark Nord.

Restaurants finden Sie in der Stadt an jeder Ecke. Doch teuer muss nicht gleich gut bedeuten, genau wie billig nicht gleich schlecht sein muss. Die Pizzeria Aturo an der Mündelheimer Straße ist eine der besten Pizzerien der Stadt. Die sogenannte Schlemmerecke, die aus einem Hähnchengrill, einer Pommesbude und der besagten Pizzeria besteht, ist ein beliebter Ort für den schnellen Bissen. Aturo bereitet die Pizza genauso zu, wie Sie es sagen. Die Warteschlange kann teilweise etwas länger werden, doch es lohnt sich auf jeden Fall.

Ein eher ungewöhnliches Geschäft ist das Apfelparadies. Leicht von der Autobahn aus zu erreichen, bietet das Apfelparadies nicht nur frische Äpfel und andere Früchte, sondern macht auch erstklassige Nussecken und Croissants. Wer sich gerne gesund ernährt, wird hier auch im Bereich Fleisch und Milch schnell fündig. Alle Produkte sind von Bioqualität und schmecken trotzdem sehr gut. Je nach Jahreszeit gibt es auch hier einen großen Kürbiswettbewerb, passend zur Halloweenzeit. Neben Kürbis schnitzen kann man auch seinen eigenen Kürbis wiegen und messen lassen. Ist dieser dann nach einer Woche der Größte und Schwerste, darf man sich Sieger des Wettbewerbes nennen.

Wollen Sie nach all den Aktivitäten einfach mal nur entspannen? Emmy's Wellness Thai Massage auf der Von-der-Mark-Straße verwöhnt Sie nach allen Arten der Kunst. Wählen Sie zwischen normalen und spezifischen Massagen, die da helfen, wo es Ihnen weh tut. Es lohnt sich, nicht allein zu gehen, denn die Preise im Duo sind billiger, im Trio ist der Rabatt sogar noch größer. Termine kann man auf der Webseite oder per Telefon beantragen. Das Geschäft ist auch sonntags offen, bleibt dafür aber montags geschlossen.

In Duisburg findet man in vielen Gemeinden auch Schützenvereine. Diese Hobbyjäger feiern jedes Jahr um die Karnevalszeit das städtische Schützenfest. Für Getränke und Essen wird natürlich gesorgt, gute Laune mitbringen muss man aber selbst. Über mehrere Wochen werden verschiedene Disziplinen im Schießen ausgeführt und der beste Schütze wird am Ende zum Schützenkönig gekrönt. Natürlich wird nicht scharf geschossen, man verwendet Luftgewehre, die mit Schreckschusshülsen gefüllt werden.

Der Kaisergarten ist zwar nicht Duisburg, ist aber von der Stadt mit der Autobahn ziemlich schnell zu erreichen. Dieser Park in Oberhausen bietet Spaß für die ganze Familie: Mehrere große Seen zum Bewundern, einen Streichelzoo für die Kleinen und eine stylische Brücke, die über einen großen Teil des Parks verläuft. Für kleines Geld kann man sich eine Packung Tiernahrung an einem der lokalen Automaten besorgen und die Tiere, die teilweise frei durch den Park laufen, füttern. Diverse Grasflächen für Picknicks gibt es auch, wer lieber an einem Tisch isst, kann sich auf ein leckeres Essen im Restaurant des Parks freuen.

Ein weiterer toller Anbieter für Sport und Freizeit ist das XXL Sportcenter. Hier gibt es aber nicht die normalen Angebote, die Sie kennen, nein, hier können Sie neben Badminton und Bowling auch Moonlight-Minigolf spielen. Auf 18 Stationen verteilt, tauchen Sie in eine bunte abenteuerliche Welt voller Spielfreude. Wem das noch nicht genug ist, kann sich entsprechend anziehen, da die Lichteffekte teilweise auch auf der eigenen Kleidung funktionieren. Auch die Bowlingbahn hat dieses Moonlight-Feature. Mit passender Musik erlebt man das Spiel auf eine völlige neue Art und Weise. Wer sich dazu entscheidet, am Wochenende vorbeizuschauen, kann nach den Spielen eigentlich gleich da bleiben, denn ab 20 Uhr startet die Bowling-Disco.

Noch ein Geheimtipp: Die König-Brauerei in Duisburg-Beeck bietet ab und zu Rundführungen an. Wer gerne Bier trinkt oder einfach nur mal vorbeischauen möchte, ist hier herzlich willkommen. Man wird von Braumethoden bis hin zur Geschichte der Biersorte alles erfahren und kann natürlich zwischendurch auch die eine oder andere Frage in den Raum werfen. Termine sind über die Webseite oder das Telefon zu vereinbaren.

Duisburg als Vermittlungspunkt

Sind Sie vielleicht nur für kurze Zeit in der Stadt? Haben Sie unter Umständen nicht das bekommen, was Sie erwartet haben? Sind Sie einfach nur auf der Durchreise und durchqueren die Stadt auf dem Hin- oder Rückweg? Duisburg ist durch seine zentrale Position eine gute Stadt, zum Pause machen. Mit den Autobahnnetzen lassen sich naheliegende Städte und Länder in kurzer Zeit ansteuern. Haben Sie also noch Pläne woanders, können Sie Duisburg auch wunderbar als

Zwischenstopp nutzen, bevor Sie Ihre Reise fortsetzten.

Wer gerne mal in die Niederlande möchte, kann von Duisburg aus sein Ziel über die A40 erreichen. Bei freier Fahrt erreichen Sie die Grenze nach gut 45 Minuten. Die meisten Duisburger fahren dann weiter nach Venlo zum Einkaufen. Die Preise sind hier unglaublich gut und die Umgebung ist auch sehr schön. Das Geschäft „2 Brüder von Venlo" hat über die Jahre nicht nur in den Niederlanden, sondern auch in Deutschland Kultstatus erreicht. In Duisburg kennt jeder diesen Namen und war wahrscheinlich auch schon mindestens einmal dort, um Spezialitäten aus den Niederlanden zu erwerben.

Wo wir gerade beim Einkaufen sind, bietet sich auch das Centro in Oberhausen wunderbar an. 25 Minuten mit dem Auto und schon ist man da. Das einzige Problem können zu beliebten Zeiten wie Weihnachten oder Ostern die Parkplätze sein. Zwar gibt es rund um das riesige Einkaufszentrum gleich mehrere Parkhäuser, doch reichen diese oft für die anströmende Masse an Käufern einfach nicht aus. Es kann schon mal vorkommen, dass man 10 Minuten nur im Kreis fährt und auf eine freie Parklücke hoffen muss.

Wer nicht nur innerhalb Deutschlands reisen möchte, wird wahrscheinlich mit dem Flugzeug ins Ausland fliegen. Von Duisburg aus fahren Sie 30 Minuten zum Düsseldorfer Flughafen und können sich das Chaos der Innenstadt Düsseldorfs ersparen. Da die meisten Fahrer in die genau entgegengesetzte Richtung fahren, werden Sie hier auch so gut wie nie auf Stau stoßen.

Im gesamten Ruhrgebiet sind alle größeren Städte miteinander vernetzt. Bahn- und Zugstrecken bringen Sie von fast jeder Station zur nächsten. Diese Kurzstrecken sind sehr beliebt und auch oft überfüllt. Besonders aufpassen müssen Sie an Bundesliga Spieltagen. In Nordrhein-Westfalen gibt es eine Menge Fußballvereine, die entweder in der 1. oder 2. Fußball-Bundesliga spielen. An manchen Tagen werden sogar explizit Warnungen ausgegeben, dass man doch bitte als Nicht-Fan auf die Züge vor und nach dem Spiel verzichten sollte. Noch extremer wird es bei den sogenannten Derbys. Wenn Fan-Lager von zwei nahestehenden Vereinen aufeinandertreffen, kann es manchmal ziemlich ungemütlich werden. Randale ist in der heutigen Zeit leider immer noch ein Thema, also tun Sie sich selbst einen Gefallen und nehmen Sie im Zweifel doch lieber ein Taxi.

In Duisburg gibt es nur ein Fahrzeug, welches noch beliebter ist als das eigne Auto: Der Linienbus. Ja, richtig gehört, der Linienbus. Sie werden kaum einen finden, der nicht bis zum Rand mit Fahrgästen gefüllt ist. Busse sind für Duisburger extrem wichtig, denn sie transportieren die meisten nicht nur zur Schule oder dem Arbeitsplatz, sondern sorgen auch dafür, dass die Anzahl der Autos im Straßenverkehr auf einem gesunden Level bleibt. Die Dauerkarten reichen teilweise sogar bis zu den anderen naheliegenden Städten, doch da muss man sich immer nochmal informieren, denn die Angaben der Regionalpreise können ziemlich verwirrend sein.

Fernbusse sind auch eine gute Option sowohl für lange als auch für kurze Strecken. Mit vielen Anbietern zur Verfügung, findet man auch ganz spontan immer wieder Angebote für Reisen in der Umgebung. Die Fahrten beginnen meistens recht früh, doch dafür sind Sie später auch wieder recht schnell zurück und können den Rest des Tages noch ausgiebig nutzen. Die Busse sind mit Internet ausgerüstet, doch verlassen kann man sich darauf auf keinen Fall.

Die Toilette befindet sich meistens im hinteren Teil des Busses in einer kleinen Kabine verstaut. Vor der Fahrt wird der Busfahrer Sie um Ihre Tickets bitten, diese können entweder digital oder ausgedruckt verwertet werden, stellen Sie aber sicher, dass Sie beim Ausdrucken den Barcode vollständig und erkennbar drucken. Ohne diesen Code dürfen Sie nicht mitfahren und der Busfahrer kann, wenn Sie sich beschweren und den Betrieb aufhalten, die Polizei rufen. Solche Fälle werden meistens zugunsten des Veranstalters entschieden und sind beim besten Willen kein gutes Andenken an eine Urlaubsreise. Strafen können bis in den dreistelligen Bereich reichen, gehen Sie diesem Stress am besten einfach aus dem Weg und bereiten Sie sich gut vor.

Duisburg als Wirtschaftsstadt

I n den letzten Jahren haben mehr und mehr große und kleine Unternehmen ihre Standbeine in Duisburg aufgebaut. Die Stadt galt bereits früher schon als wirtschaftlich beeindruckend, doch heute erreichen die Fortschritte der Technik neue Höhen. Die Produktion von Edelmetallen und weiteren industriellen Rohstoffen wurde von Zeit zu Zeit immer effektiver und effizienter. Die Berufe sind nicht die gleichen wie damals, denn jeden Tag vereinfachen Maschinen unsere Aufgaben und Prozesse oder übernehmen diese gleich komplett. Arbeiter, die aus diesem Grund ihre Berufung nicht mehr ausüben können, werden erfolgreich auf modernere Arbeitszweige umgeschult. Die Stahlbranche hält sich trotz Digitalisierung weiterhin gut, denn manche Jobs lassen sich nur von hart arbeitenden Menschen erledigen.

Große Firmen investieren immer mehr Geld in die Infrastruktur der Stadt. Die Manager und Vorsitzenden wissen, dass Duisburg eine erfolgreiche und produktive Stadt ist. Beweise dafür liefert die Geschichte der Stadt genug. Fast die gesamte Menge an Eisen und Stahl, die im Zweiten Weltkrieg produziert wurde, kam aus dem Ruhrgebiet, genauer gesagt aus Duisburg. Täglich treffen riesige Frachter im Hafen der Stadt ein, um wichtige Rohstoffe zu liefern und abzuholen. Deutschland ist weltweit für seine qualitativ hochwertigen Produkte bekannt, die meisten von diesen haben ihren Ursprung in Duisburg. Auch zu Land wird täglich eine unglaubliche Menge an Materialien transportiert. Die Autobahnen, die durch Duisburg verlaufen, sind das zuhause vieler Laster und Trucks, welche die Produkte naheliegender Länder durch das Ruhrgebiet transportieren.

Aber die Stadt glänzt nicht nur im Bereich der Stahl- und Bauindustrie. Mehr und mehr investiert man in die Zukunft, dafür werden „Masterpläne" ins Leben gerufen:

Technologien und Themen wie Breitbandausbau, Social Media, Datenhaltung in der Cloud, digitale Plattformen und Big Data verändern das gesellschaftliche und wirtschaftliche Miteinander. Längst ist die digitale Infrastruktur einer Stadt zu einem entscheidenden Wettbewerbsfaktor für Unternehmen geworden. Die Zukunftsfähigkeit Duisburgs hängt auch maßgeblich davon ab, wie gut es gelingt, den digitalen Herausforderungen unserer Zeit auf kommunaler Ebene zu begegnen. Der Rat der Stadt hat in seiner Sitzung am 7. Mai 2018 den „Masterplan Digitales Duisburg" auf den Weg gebracht.

Für die Regierung ist es von höchster Wichtigkeit, im Wettbewerb kompetitiv zu bleiben. Die Stadt muss weiter expandieren und seine Schwächen ausgleichen. Hier präsentiere ich Ihnen ein Statement des Oberbürgermeisters: „Für mich haben sowohl die Verbesserungen für die Menschen vor Ort als auch die Wettbewerbsfähigkeit des Standorts Duisburg die oberste Priorität. Dazu zählt auch der umweltschonende Umgang mit unseren Ressourcen. Ich bin sicher, dass wir unsere Ziele mit den vielen Partnern an unserer Seite erreichen können."

Ein großer Förderungspartner der Stadt ist die Volksrepublik China. Ein Komitee aus mehreren renommierten Persönlichkeiten wird jedes Jahr nach Duisburg entsandt, um die Pläne für die Zukunft der Stadt zu besprechen. Natürlich entscheiden diese nicht über das Schicksal der Bürger, können jedoch den ein oder anderen Vorschlag in die Runde werfen. Viele glauben, dass der Einfluss anderer Länder der Stadt und der Wirtschaft nicht guttut, doch was würden wir ohne den internationalen Handel machen? Wir können wohl schlecht unsere Waren und Güter an uns selbst verkaufen.

Hinweise und No-Gos

Wer woanders zu Gast ist, kennt sich wahrscheinlich nicht mit der Umgebung oder dem Verhalten der Bewohner aus. Oft reicht der Menschenverstand aus, um sich von unangenehmen Situationen fernzuhalten, doch manchmal tritt man den Leuten ganz unbewusst auf den Füßen herum. Was für einen keine große Sache ist, kann für den anderen eine Frage von Respekt und Verhalten sein. Wenn man dann versucht, seine Fehler auszubügeln, macht man es oft noch viel schlimmer und erwirkt den Anschein, sich über die Bräuche anderer lustig zu machen. Um dies zu vermeiden, werden Sie alle wichtigen Informationen zu Jas und Neins der Stadt erhalten.

Wie überall anders auch soll man sich immer im Kopf behalten, dass man nur ein Gast ist. Manche Urlauber tendieren dazu, zu glauben, sie seien von adeliger Abstammung und könnten sich frei nach Willen austoben. Das mag in manchen Gemeinden vielleicht noch geduldet werden, doch in Duisburg bekommt man so schnell eins auf die Nase. Ein Paradebeispiel dafür ist der Umgang mit Müll und Abfall: Wenn Sie jemanden sehen, der hier einfach seinen Müll auf den Boden schmeißt, kommen oft kurz danach die ersten Pfiffe und Beleidigungen der Bürger. Nur weil die Stadt nicht München oder Hamburg heißt, macht es sie noch lange nicht zu einer Müllhalde für Reisende.

Ein respektvolles Miteinander wird in jeder Stadt erwartet, sparen Sie sich also möglichen Stress und entschuldigen Sie sich im schlimmsten Fall einfach, es kann mehr bewirken, als man denkt. Ein ähnliches Szenario erlebt man oft im Straßenverkehr. Man kennt es: Nicht jeder hat immer einen guten Tag und die Gemüter können nach einem langen Arbeitstag schon ziemlich gereizt sein, was oft zu einem erhöhten aggressiven Verhalten führen kann. Steht man dann noch im Stau oder ist sogar in einen Unfall verwickelt, kann bei dem einen oder anderen schon mal die Stimmung kippen. Sollten Sie einen solchen Fall miterleben oder in einen verwickelt sein, bewahren Sie unter allen Umständen einen kühlen Kopf und kippen Sie nicht noch mehr Öl ins Feuer. Oft lassen sich solche Fälle verbal aufklären und die Polizei hat dann auch einen einfacheren Job, wenn beide Seiten vorher auf einen gemeinsamen Nenner kommen.

Duisburg im Überblick

Über den Verlauf dieses Buches haben Sie nun viele unterschiedliche und interessante Fakten zur Stadt Duisburg gelernt. Sie sind nun bestens für einen Besuch vorbereitet und wissen, wie Sie sich während des Aufenthalts zu verhalten haben. Bei der Anreise über unterschiedliche Verkehrsmittel erreichen Sie die Stadt schnell und unkompliziert und können die Verkehrszeiten zu Ihrem Vorteil nutzen. Sie kennen jetzt mehrere Hotels und Unterkünfte der Region, in denen Sie allein oder mit

Ihrer Familie die Nächte verbringen können. Wo Sie die Nacht im Zweifel noch verbringen können, haben Sie auch erfahren. Von Naturparks bis hin zu Museen an den Innenhäfen kennen Sie auch viele kulturelle Orte und Aktivitäten. Für die Speisen sind Sie mit ausgewählten Restaurants und Insidertipps bestens vorbereitet und können sich auf leckere Delikatessen aus dem Ruhrgebiet freuen. Sie haben die Geschichte der Stadt kennengelernt und wissen nun, wie die Menschen dieser Gemeinde ticken.

Mit genügend Planung finden Sie sich in der Stadt gut zurecht und können mit den verfügbaren Verkehrsmitteln schnell und problemlos von A nach B gelangen, ganz ohne ein teures Taxi. Sie haben Einblicke auf eine moderne und vor allem künstlerische Architektur bekommen, die Ihnen sicherlich während eines Besuches auffallen wird. Wo man am besten Einkaufen kann und sich Souvenirs oder Andenken der Stadt besorgen kann, haben Sie an mehreren Stellen dieses Buches erfahren. Sie kennen nun die Natur und Industrie der Umgebung und können dort eine schöne Zeit mit der Familie verbringen, ganz gleich, ob Sie nach Abenteuern suchen oder lieber den Tag entspannt ausklingen lassen. Wie man seinen Körper und Geist fit halten kann, können Sie jetzt problemlos auch von zuhause aus anwenden, ein Besuch der Fitnessstudios der Stadt wird Ihnen die Basics für einen gesunden Körper erklären. Sie bekamen einen Einblick in das Bildungssystem der Stadt und kennen die Mehrwerte des Schulsystems, welches nicht nur Kindern, sondern auch Erwachsenen hohen Alters in diesen modernen Zeiten zur Hilfe kommt.

Sie kennen die Sehenswürdigkeiten und Wahrzeichen der Stadt und mehrere geheime Orte, die von den meisten Besuchern übersehen werden. Sie haben nun die Wahl zwischen vielen verschiedenen Aktivitäten, von Bootstouren auf dem Rhein bis hin zu Rundführungen im städtischen Theater. Ob Sie nur auf der Durchreise sind oder für mehrere Wochen in der Stadt bleiben, Sie wissen, wie man sich hier orientiert und kennen das Verhaltensmuster vieler Bürger. Was man tun und lassen sollte, wissen Sie aus dem vorherigen Abschnitt, also nutzen Sie dieses Wissen, um sich aus heiklen Situationen herauszuhalten.

Duisburg hat sicherlich noch viele weitere Möglichkeiten zu bieten, diese aufzuzählen würde Jahre dauern. Die Stadt ist die Heimat vieler alter und junger Menschen, die tagtäglich aufs Neue das Leben hier in vollen Zügen genießen. Die Balance zwischen Natur und Industrie ist perfekt ausgewogen und die Tiere der Umgebung machen das Leben hier noch mal deutlich spannender. Man sollte sich bei einem Besuch nicht selbst als Außenseiter betrachten, denn Duisburg ist für alle ein zuhause. Die Bürger genießen ein vielseitiges und aufregendes Leben in einer Stadt, die das Kombinieren von Vergangenheit und Zukunft neu definiert.

Was Sie am Ende bei Ihrem Besuch machen werden, hängt ganz bei Ihnen. Man muss sich immer ein bisschen auf das Unbekannte einlassen, ja, das kann manchmal schwerer sein, als man denkt. Doch ist man einmal dort und erlebt es hautnah, wird aus dem Unbekannten etwas Wunderbares und Schönes. Meinungen sind immer unterschiedlich und das ist auch gut so, trotzdem sollten Sie sich nicht zu sehr auf das verlassen, was irgendwo in einem Buch geschrieben steht. Wenn Sie wirklich nach einer neuen Erfahrung streben, nehmen Sie sich nicht nur Zeit für das Geplante, sondern auch für spontane und unerwartete Ereignisse. Erst dann werden Sie bemerken, wie schön doch neue Erfahrungen sein können. Ansonsten kann ich Ihnen wirklich die Stadt ans Herz legen, sie ist einen Besuch auf jeden Fall wert.

Ich wünsche Ihnen eine gute Reise und viele schöne Erlebnisse in der Stadt Duisburg, dem Juwel des Ruhrgebiets.

Packliste

Geld & Finanzen

O (evtl.) Auslandswährung
O Bargeld
O Bauchtasche
O Brustbeutel
O Bauchtasche
O EC-Karte
O Kreditkarte
O Notfall-Telefonnummern der Banken
O Portmonee

Hygiene

O Haarbürste / Kamm
O Deo (klein)
O Shampoo
O Kulturtasche
O Sonnencreme
O Taschentücher

O Reise-Zahnbürste und Zahnpasta

O Verhütungsmittel

Kleidung

O Badeklamotten

O Gürtel

O Hosen kurz / lang

O Mütze / Cap / Hut

O Pullover

O Regenjacke

O Schlafanzug

O Socken

O Sonnenbrille

O Sportklamotten / Jogginghose

O T-Shirts

O Unterwäsche

Medikamente

O Blasenpflaster

O Anti-Durchfalltabletten

O Erste-Hilfe-Set

O Fiebertabletten

O Fiebertabletten

O Mückenschutz

O sonstige Medikamente

O Pflaster

O Kopfschmerztabletten

Unterlagen & Papiere

O ADAC Unterlagen

O Adresslisten für Postkarten

O Krankversicherungsnachweis

O Stadtplan

O Führerschein

O Unterlagen für die Unterkunft

O Wasserdichte Hülle für Reiseunterlagen

O Impfausweis

O Mietwagenunterlagen

O Personalausweis

O Reisepass

O Reisetagebuch

O evtl. Studentenausweis

O evtl. Visum

O Zug- / Bahn- / Flugticket

Taschen & Rucksäcke

O Koffer / Trolley / Reisetasche

O Regenhülle für Rucksack

O Rucksack

Schuhe

O Badeschlappen / Hausschuhe

O Schuhe und Wechselschuhe

Sonstiges

O Brille / Kontaktlinsen und Etui

O Buch zum Lesen

O Ohrenstöpsel und Schlafmaske

O Regenschirm

O Reisedecke

O Wasserflasche

O Wörterbuch

Elektronik

O Digitalkamera
O Handy
O Ladekabel
O Kopfhörer
O evtl. Steckdosenadapter
O Power-Bank

Herstellung und Verlag:

BoD – Books on Demand, Norderstedt

ISBN: 9783751900348

1. Auflage

Kontakt: Psiana eCom UG/ Berumer Str. 44/ 26844 Jemgum

Covergestaltung: Fenna Larsson

Coverfoto: depositphotos.com